Inhalt

Betriebliche Sozialpolitik - wesentlicher Bestandteil der sozialen Absicherung

Kernthesen

Beitrag

Fallbeispiele

Weiterführende Literatur

Impressum

Betriebliche Sozialpolitik - wesentlicher Bestandteil der sozialen Absicherung

F.Muretta

Kernthesen

- Betriebliche Sozialpolitik umfasst alle freiwilligen sozialen Leistungen eines Unternehmens. (1), (4)
- Aufgrund sozioökonomischer Veränderungen findet eine Verschiebung von staatlicher Sozialpolitik zu betrieblicher bzw. privater Absicherung statt. (1), (2)
- Die Dominanz der gesetzlichen

Sozialversicherungen in Deutschland ist verantwortlich für die im internationalen Vergleich nur mäßig entwickelte betriebliche Sozialpolitik. (1)
- Nur eine sinnvolle Kombination von öffentlichen und betrieblichen bzw. privaten sozialpolitischen Regelungen wird zukünftig eine wirkungsvolle soziale Absicherung der gesamten Bevölkerung gewährleisten können. (1), (2), (3), (7)

Beitrag

Betriebliche Sozialpolitik

Betriebliche Sozialpolitik umfasst alle sozialen Leistungen, die freiwillig, d. h. unabhängig von gesetzlichen oder tariflichen Regelungen von einem Unternehmen erbracht werden. Dazu gehören monetäre Leistungen (z. B. Jahresprämien), nichtmonetäre Leistungen in Form von Sachleistungen (eigene oder zugekaufte Produkte) und insbesondere die Gewährung von Versorgungs- und Versicherungsansprüchen (z. B. betriebliche Altersvorsorge). (1), (4)

Motivation und Gründe für betriebliche Sozialpolitik

Aufgrund der Freiwilligkeit der Leistungen kann man jedoch nicht auf eine altruistische Motivation der Unternehmen schließen. Hinter betrieblichen sozialpolitischen Maßnahmen steckt immer ein rationales Kalkül. In der einschlägigen Literatur existieren mehrere auf der Annahme rationalen ökonomischen Verhaltens basierende Erklärungsversuche:

-Substitutionshypothese: Diese These definiert betriebliche Sozialleistungen als eine zeitlich verzögerte Auszahlung eines gewissen Bestandteils des regulären Arbeitslohnes. Somit verzichten die Arbeitnehmer auf einen Teil ihres Direktentgelts und erhalten im Gegenzug beispielsweise den Anspruch auf die Gewährung von Versorgungs- und Versicherungsleistungen.

-Motivations- bzw. Effizienzlohnhypothese: In der Motivationshypothese stellen betriebliche Sozialleistungen ein effizientes und für beide Parteien vorteilhaftes Mittel für die Verbesserung und Verfestigung der Beziehung zwischen Arbeitnehmer und Arbeitgeber dar. Zugrunde liegen die modernen Arbeitsmarkttheorien, welche unvollkommene, von

Asymmetrien gekennzeichnete Arbeitsbeziehungen unterstellen. In diesem Kontext sind betriebliche sozialpolitische Maßnahmen eine Möglichkeit, um eine möglichst langfristige und kooperative Zusammenarbeit zu fördern.

-Mikropolitik bzw. Selbstbedienungshypothese: Nur Arbeitnehmer, die in der Lage sind, sich des vorhandenen Angebots betrieblicher Sozialleistungen selbst zu bedienen, indem sie sich von ihren Mitarbeitern beispielsweise durch ein höheres Maß an Kommunikationsfähigkeit, Durchsetzungskraft und Engagement abgrenzen können, kommen gemäß der Mikropolitik- bzw. Selbstbedienungshypothese in den Genuss freiwilliger betrieblicher Sozialleistungen. Voraussetzung für diesen Erklärungsversuch ist wie in der Motivationshypothese das Vorherrschen asymmetrischer Informationsstrukturen.

-Fürsorgehypothese: Im Sinne der Theorie der kompensierenden Differentiale rechtfertigt die Fürsorgehypothese die Existenz betrieblicher Sozialpolitik indem sie entsprechende Sozialleistungen als eine zusätzliche Entlohnung für außerordentlich belastende oder unangenehme Arbeitsumstände betrachtet. (1)

Die volkswirtschaftliche Bedeutung betrieblicher Sozialpolitik

Neben diesen eher auf betriebswirtschaftlichem Gebiet angesiedelten Erklärungsversuchen für das Vorhandensein betrieblicher Sozialpolitik gibt es auch Legitimationsmöglichkeiten auf volkswirtschaftlicher Ebene.

Angesichts des in den letzten drei Jahrzehnten erfolgten sozioökonomischen Wandels in den hoch entwickelten Industriestaaten, der einerseits
-den gravierenden Strukturwandel in der Wirtschafts- und Arbeitswelt (Globalisierung, Bedeutungszuwachs des Dienstleistungssektors, Informatisierung, Veränderung der Arbeitsorganisation) und andererseits
-den demographischen Wandel (Veränderung der Altersstruktur durch abnehmende Fertilität und zunehmende Lebenserwartung) umfasst,
ist die Möglichkeit einer Ergänzung der staatlichen und gesetzlichen Sozialleistungen durch eine private bzw. betriebliche Absicherung von großer volkswirtschaftlicher Relevanz. (1), (2), (8)

Umfang und Natur der betrieblichen Sozialpolitik in Deutschland

Die vorhandenen betrieblichen Sozialleistungen zeichnen sich durch eine ausgeprägte Streuung von Art und Umfang der Leistungen zwischen den Unternehmen und zwischen den Beschäftigten aus. Der Umfang der Leistungen steigt mit der Unternehmensgröße, dem Angestelltenanteil des Unternehmens und dem Bildungsgrad und Qualifikationsstand der Arbeitskräfte. (1)

Am Beispiel der Altersvorsorge wird die vorherrschende Dominanz der staatlichen Sozialpolitik in Deutschland deutlich. Im Jahr 1995 betrug der Anteil der Ausgaben der gesetzlichen Rentenversicherung an den Gesamtausgaben der Altersicherungssysteme 69 Prozent; die Ausgaben für die betriebliche Altersvorsorge hingegen beliefen sich auf 4,6 Prozent Deutschland besitzt im internationalen Vergleich einen sehr geringen betrieblichen Alterssicherungsanteil. (1)

Betrachtet man allerdings die tatsächlichen Sozialausgaben, so ist eine weitgehende Konvergenz zwischen den verschiedenen Arten von modernen Wohlfahrtstaaten trotz ihrer unterschiedlichen

Ausgabenstruktur erkennbar. (1)

Die betriebliche Sozialpolitik in Deutschland steht in einem komplementären Verhältnis zu ihrem staatlichen Pendant. Dies ist problematisch, da betriebliche Sozialleistungen somit nicht dazu beitragen können, eventuelle Versorgungslücken in der staatlichen Vorsorge zu kompensieren, sondern gerade für besonders leistungsfähige Arbeitnehmer mit hohen Einkommen zusätzliche Absicherungsmöglichkeiten bereitstellen. Empirisch ist dieser überproportionale Anstieg des Anspruches auf Leistungen der betrieblichen Altersvorsorge mit steigendem Einkommen nachgewiesen. (1)

Notwendige Maßnahmen

Die staatlich dominierte Sozialpolitik Deutschlands beschränkt die Entfaltungsmöglichkeiten privater bzw. betrieblicher Komponenten sozialer Absicherung. Sind die sozialen Kosten für die Unternehmen aufgrund gesetzlicher und tariflicher Regelungen bereits so stark angestiegen, wie es in Deutschland der Fall ist, ist der Spielraum für zusätzliche betriebliche sozialpolitische Maßnahmen mehr als eingeschränkt und es erscheint somit nicht verwunderlich, dass die Entwicklung betrieblicher

Sozialpolitik nur mäßig voranschreitet. (1), (2)

Es ist anzumerken, dass bezüglich des notwendigen Umbaus der sozialen Sicherungssysteme in Deutschland insbesondere die Frage der Aufgabenverteilung zwischen öffentlicher und privater bzw. betrieblicher Absicherung zu klären ist. Die komplementäre Beziehung zwischen gesetzlichen und betrieblichen Sozialleistungen soll eine substitutive werden. (1)

Sicher ist, dass die gesetzliche Sozialversicherung allein zukünftig nicht mehr in der Lage sein wird, die allgemeine Lebensstandardsicherung zu gewährleisten. Nur ein Sicherungssystem, welches gesetzliche mit privaten Vorsorgekomponenten kombiniert, wird dies weiterhin ermöglichen können. Eine Verlagerung eines Teils der Verantwortung für die soziale Absicherung vom Staat auf die Individuen ist somit unumgänglich. Fraglich ist die für ein solches Vorgehen benötigte Akzeptanz in der Bevölkerung, welche Umfragen zufolge noch immer dem Staat die Hauptverantwortung für die Sozialpolitik zuweist. (1), (2), (3)

Fallbeispiele

Betriebliche Sozialpolitik in den USA

Seit den 30er Jahren hat die betriebliche Sozialpolitik in den USA einen hohen Stellenwert. Demzufolge glänzt Amerika mit - im Vergleich zu Deutschland - sehr niedrigen staatlichen Sozialausgaben. Legt man dem Vergleich allerdings die Gesamtausgaben der Unternehmen für betriebliche und staatliche Sozialleistungen zugrunde, relativieren sich die Unterschiede wieder. (3)

Kosten der Unternehmen für betriebliche und staatliche Sozialleistungen (in Prozent des BIP):
-USA : 11 %
-Niederlande: 7,7 %
-Deutschland: 10,4 %
-Italien: 12,7 %
-Frankreich:14,9 %

Am Beispiel der USA ist außerdem erkennbar, dass die Fokussierung auf nicht-staatliche soziale

Absicherungssysteme nicht automatisch die sozialpolitischen Probleme eines modernen Wohlfahrtsstaates zu lösen vermag. Seit zwei Jahrzehnten unterliegt das amerikanische Sozialabsicherungssystem einem starken Veränderungsdruck, infolge dessen bereits die Reichweite der betrieblichen Sozialpolitik durch neue staatliche Regelungen eingeschränkt wurde. (3)

Betriebliche Sozialpolitik in Japan

In keinem anderen Land sind Vielfalt und Umfang betrieblicher Sozialleistungen größer als in Japan. Allerdings kommen in den meisten Fällen nur Beschäftigte von Großunternehmen überhaupt in den Genuss solcher Leistungen. Die kleinen und mittleren Unternehmen können sich keine teuren sozialen Absicherungssysteme für ihre Mitarbeiter leisten. Das System der sozialen Absicherung Japans bedarf - wie das vieler anderer hoch entwickelten Staaten - einer Anpassung an die global zu beobachtenden Veränderungen auf demographischer, wirtschaftlicher und struktureller Ebene. (4), (5)

Das Drei-Säulen-Konzept der Alterssicherung in der Schweiz

-Erste Säule: Die staatliche Alters- und Hinterlassenenversicherung: Diese aus individuellen Lohnabzügen und Steuereinnahmen finanzierte Pflichtversicherung dient der Gewährung finanzieller Leistungen in Höhe des Existenzminimums (Existenzsicherung).
-Zweite Säule: Berufliche Vorsorge: Die Pflicht zur beruflichen Vorsorge setzt ab einem Jahreslohn von 24.720,- sFr. ein und wird zu gleichen Teilen durch Arbeitgeber- und Arbeitnehmerbeiträge finanziert. Sie soll im Bedarfsfall mindestens 60 Prozent des letzten Arbeitseinkommens garantieren.
-Dritte Säule: Private Vorsorge: Die dritte Säule ist eine freiwillige Versicherung, deren zu entrichtende Beiträge bis zu einem bestimmten Betrag steuerbefreit sind.

Obwohl das schweizerische Altersicherungssystem den Ansprüchen der Weltbank genügt, für unterschiedliche Vorsorgeziele unterschiedliche Instrumente einzusetzen, besitzt es einen schwerwiegenden Nachteil: Lediglich die erste Säule erreicht die Gesamtheit der Bevölkerung. (7)

Weiterführende Literatur

(1) Was ist betriebliche Sozialpolitik?
aus Sozialer Fortschritt, Heft 2/2003, S. 31 - 39

(2) Optionen der Altersvorsorge im 19. und 20. Jahrhundert in Deutschland
aus Zeitschrift für Unternehmensgeschichte, Heft 1/2003, S. 5-28

(3) Betriebliche Sozialpolitik oder mehr Staat? - Das Modell USA revisited
aus Zeitschrift für Unternehmensgeschichte, Heft 1/2003, S. 73-88

(4) Betriebliche Alterssicherung in der Japan AG
aus Zeitschrift für Unternehmensgeschichte, Heft 1/2003, S. 58-72

(5) Who pays for pensions? - Das Problem der Alterssicherung in Großbritannien im zwanzigsten Jahrhundert*
aus Zeitschrift für Unternehmensgeschichte, Heft 1/2003, S. 48-57

(6) Altersteilzeit zwischen betrieblicher und staatlicher Sozialpolitik(1)
aus Sozialer Fortschritt, Heft 2/2003, S. 39 - 47

(7) Das Drei-Säulen-Konzept und seine Grenzen: Private und berufliche Altersvorsorge in der Schweiz im 20. Jahrhundert
aus Zeitschrift für Unternehmensgeschichte, Heft 1/2003, S. 29-47

(8) Das demographische Defizit - die Fakten, die Folgen, die Ursachen und die Politikimplikationen
aus ifo Schnelldienst, Heft 5/2003, S. 20-36

Impressum

Betriebliche Sozialpolitik - wesentlicher Bestandteil der sozialen Absicherung

Bibliografische Information der deutschen Nationalbibliothek

Die Deutsche Nationalbibliothek verzeichnet diese Publikation in der deutschen Nationalbibliografie; detaillierte bibliografische Daten sind im Internet über http://dnb.d-nb.de abrufbar.

ISBN: 978-3-7379-1582-3

© 2015 GBI-Genios Deutsche Wirtschaftsdatenbank GmbH, Freischützstraße 96, 81927 München, www.genios.de

Alle Rechte vorbehalten. Dieses Werk ist einschließlich aller seiner Teile – z.B. Texte, Tabellen und Grafiken - urheberrechtlich geschützt. Jede Verwertung außerhalb der Grenzen des Urheberrechtsgesetzes bedarf der vorherigen Zustimmung des Verlags. Dies gilt insbesondere auch für auszugsweise Nachdrucke, fotomechanische

Vervielfältigungen (Fotokopie/Mikroskopie), Übersetzungen, Auswertungen durch Datenbanken oder ähnliche Einrichtungen und die Einspeicherung und Verarbeitung in elektronischen Systemen.